ellermann

Originalausgabe
© 2018 Dressler Verlag GmbH, Poppenbütteler Chaussee 53, 22397 Hamburg
ellermann im Dressler Verlag · Hamburg
Alle Rechte vorbehalten
Einbandillustration von Marina Rachner
Druck und Bindung: PNB Print Ltd., »Jāņsili«, Silakrogs, Ropažu novads, LV-2133, Lettland
Printed 2018
ISBN 978-3-7707-0139-1

www.ellermann.de

Kuscheln, schlafen, träumen

Gute-Nacht-Geschichten für Kindergarten-Kinder

ellermann im Dressler Verlag GmbH · Hamburg

Inhalt

Gute-Nacht-Geschichten für die Kleinen

Ein Traum von der Traumfee

Eigentlich schläft Jenny schon. Als sie noch mal kurz blinzelt, steht plötzlich eine Fee vor ihr. Jenny reibt sich die Augen. »Wer bist du?«
»Huch!«, ruft die Fee und zuckt zusammen. »Ich bin Malwine, die Traumfee. Oje, ich hab mich verirrt.«
»Wo willst du denn hin?«, fragt Jenny.
»Zu Felix«, sagt Malwine.
»Das ist mein Bruder«, sagt Jenny. »Sein Zimmer ist nebenan.«
Malwine flitzt zur Tür. »Jetzt aber schnell! Ich muss ihm einen Feuerwehr-Traum bringen.«
»Warte!«, ruft Jenny. »Ich will auch von der Feuerwehr träumen.«
Malwine denkt nach. »Hmm …
Eigentlich verschenke ich jeden Traum nur einmal.«
»Bitte!«, sagt Jenny.

Da lächelt Malwine. »Na gut.« Sie hüllt Jenny in eine Wolke aus glitzerndem Feenstaub. Sofort schläft Jenny ein. Im Traum fährt sie in einem knallroten Feuerwehrauto durch die Straßen.

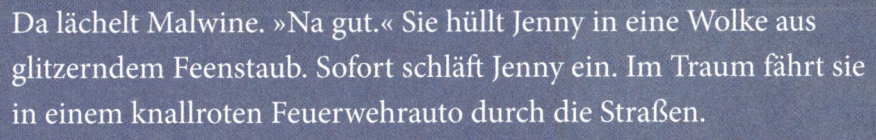

13

Schlaf, Leni, schlaf!

Max mag seine kleine Schwester – wirklich! Aber seit Leni da ist, schreit sie ganz oft. Jetzt schon wieder. Max beugt sich über die Wiege und sagt: »Leni, hör endlich auf zu schreien!« Doch Leni schreit weiter.

Mama sagt: »Sie ist müde und kann nicht einschlafen.«

»Ach so«, sagt Max. Das ist ihm auch schon mal passiert. Sanft schaukelt Max die Wiege hin und her. Dazu singt er leise: »Schlaf, Leni, schlaf! Ich weiß, du bist ganz brav …« Auf einmal hört Leni auf zu schreien. Zwei Tränen kullern noch über ihre roten Wangen. Kurz darauf schlummert sie selig und lächelt im Schlaf.

»Wovon sie jetzt wohl träumt?«, flüstert Max.

Mama streicht ihm über den Kopf. »Bestimmt von ihrem großen Bruder, der sie so toll in den Schlaf gesungen hat.«

Max strahlt. Er mag seine kleine Schwester – wirklich!

15

Träum schön, Tanja!

Mama hat Tanja ins Bett gebracht. Mama hat mit Tanja ein Lied gesungen. Und Mama hat Tanja einen Gutenachtkuss gegeben. Jetzt steht Mama auf und sagt: »Träum was Schönes, Tanja!«
»Was denn?«, fragt Tanja.
Mama denkt nach. »Du könntest von der Sonne träumen.«
»Und was noch?«, fragt Tanja.
Mama denkt wieder nach. »Du könntest vom Mond träumen.«
»Und was noch?«, fragt Tanja.
Mama denkt wieder nach. »Du könntest natürlich auch von den Sternen träumen.«
Tanja gähnt. »Und was noch?«, murmelt sie. Dabei fallen ihr die Augen zu.
Tanja träumt, dass sie fliegen kann. Sie fliegt hinauf in den Himmel. Dort geht die Sonne gerade unter. Tanja fliegt weiter zum Mond. Langsam geht er auf. Tausend Sterne funkeln am Himmel. Und auf einem Stern sitzt Mama und winkt Tanja zu.

Eine Sternschnuppe für Stefan

Jeden Abend nimmt Stefan seinen Drachen mit ins Bett. Aber heute ist der Drache weg!

»Ohne meinen Drachen kann ich nicht einschlafen!«, sagt Stefan.

Oma legt den Arm um ihn. »Komm, wir machen noch einen kleinen Spaziergang.«

Draußen ist es dunkel. Die Sterne leuchten. Auf einmal fällt eine Stern-schnuppe herab. »Jetzt darfst du dir was wünschen«, sagt Oma.

Stefan wünscht sich, dass sein Drache wieder da ist. Langsam geht er mit Oma nach Hause. Dabei starrt er in den Himmel. Plötzlich sieht er, wie die Sterne wandern. Jetzt sehen sie aus wie sein Drache, nur viel größer!

Als Stefan heimkommt, liegt der Drache auf seinem Bett. Stefan drückt ihn ganz fest. »Wo warst du denn?« Der Drache sagt kein Wort, aber seine Augen glitzern so hell wie die Sternschnuppe.

Zauber, zauber, Zaubertraum

Morgen ist der große Hexenwettbewerb. Kamilla braucht unbedingt
einen tollen Zauberspruch. Aber ihr fällt einfach nichts ein. Mäuse-
schwanz und Spinnendreck, das darf doch nicht wahr sein! Um
Mitternacht hat Kamilla immer noch keine gute Idee. Verzweifelt geht
sie ins Bett und schläft ein.

Im Traum steht sie vor den anderen Hexen und sagt einen Zauberspruch auf: »Abrakadabra, Kamilla Riesenturbokato!«

Es knallt.

Funken sprühen.

Der Knall ist so laut, dass Kamilla davon aufwacht. »Das ist es!«, ruft
sie, springt aus dem Bett und schreibt schnell den Zauberspruch auf.

Am nächsten Tag geht Kamilla zum Hexenwettbewerb und sagt: »Abrakadabra, Kamilla Riesenturbokato!«

Es knallt wieder, und plötzlich ist sie riesengroß. Die Hexen klatschen
und jubeln. Und Kamilla bekommt den ersten Preis.

21

Simon und das Sandmännchen

Heute gibt es Salat zum Abendessen. »Schon wieder Salat!«, mault Simon.

Papa zwinkert ihm zu. »Wenn du ein bisschen davon isst, erzähl ich dir nachher eine Sandmännchen-Geschichte.«

Warum hat Papa das nicht gleich gesagt? Sofort isst Simon alles auf. Danach düst er ins Bad, putzt sich die Zähne und hüpft ins Bett.

Papa erzählt: »Wenn es dunkel wird, kommt das Sandmännchen auf die Erde …«

Auf einmal ist Simon schrecklich müde. Papas Stimme wird immer leiser. Plötzlich spürt Simon eine warme Hand auf der Schulter. »Bist du das Sandmännchen?«, fragt er.

»Ja«, sagt das Sandmännchen. »Ich streue jetzt Traumsand auf deine Decke.«

Leise rieselt der Traumsand herab. Und schon fängt Simon an zu träumen.

Ein Schlitten im Schnee

Svenja hat Fieber und liegt schon den ganzen Tag im Bett. Ihr Kopf ist ganz heiß, und die Decke ist viel zu dick und warm. Svenja schwitzt und wälzt sich im Bett herum. Endlich schläft sie ein.

Svenja träumt, dass sie auf einem Hügel steht. Es ist Winter, und alles ist weiß. Dicke Schneeflocken fallen vom Himmel und schmelzen auf ihrem Gesicht. Dann entdeckt Svenja einen Schlitten. Sie setzt sich darauf und saust den Berg hinunter. Der Wind pfeift ihr um die Nase. Immer schneller wird der Schlitten.

Als Svenja unten ankommt, purzelt sie in den Schnee. Der Schnee ist herrlich kühl. Svenja kullert darin herum und lacht. Vor lauter Lachen wacht sie auf. Sie liegt immer noch in ihrem Bett, aber ihr ist gar nicht mehr heiß. Und das Fieber ist weg-geschmolzen, wie Schnee in der Sonne.

Der kleine Affe träumt

Der kleine Affe sitzt auf einem Ast und sieht den anderen Affenkindern zu. Die sind alle schon viel größer und können viel besser klettern als er. Sie tollen herum und schwingen sich von Ast zu Ast. Wenn er doch nur mitspielen könnte! Soll er einfach fragen? Nein, lieber nicht, denkt der kleine Affe. Dann sagen sie bestimmt: »Du bist doch noch viel zu klein!«

Am Abend kuschelt sich der kleine Affe an seine Mama und schläft ein. Er träumt, dass er zu den Affenkindern geht und ganz laut fragt: »Darf ich mitspielen?«

»Klar!«, sagen die. Der kleine Affe macht vor Freude einen Purzelbaum. Dann tollt er mit den anderen herum. Mitten im Spielen wacht der kleine Affe auf. Und plötzlich weiß er: Gleich morgen früh wird er die anderen Affenkinder fragen, ob er mitspielen darf!

26

Vera wünscht sich was

Freitag ist Opa-Tag. Jeden Freitag kommt
Opa und spielt mit Vera. Nur heute kann
er nicht. Vera sitzt allein im Kinder-
zimmer. Sie holt ihre Bauklötze heraus,
aber ohne Opa macht das Spielen keinen Spaß.
Traurig legt Vera die Bauklötze weg. Dann macht
sie die Augen zu und flüstert: »Ich wünsche mir,
dass Opa doch noch kommt. Das wär so schön!«
Plötzlich rauscht es in ihren Ohren. Da hört sie
Opas Stimme: »Sei nicht traurig, Vera, spiel weiter!
Ich komm zu dir, ganz bald. Versprochen!«
Wieder rauscht es in ihren Ohren. Vera macht die
Augen auf. Sie ist immer noch allein im Kinder-
zimmer, aber sie ist nicht mehr traurig. Mit ihren
Bauklötzen baut sie ein wunderschönes großes
Haus, für Opa und Vera. Plötzlich klingelt es an
der Haustür. Vera springt auf, rennt in den Flur –
und fliegt in Opas Arme.

29

Achtung, Monsterjäger!

»Schlaf schön!«, sagt Papa. Konstantin starrt Papa an. »Warum machst du denn die Augen nicht zu?«, fragt Papa.

Konstantin flüstert: »Weil sonst das Bettmonster kommt. Das wartet so lange, bis ich die Augen zuhab, und dann schleicht es sich an.«

»Keine Angst!«, sagt Papa. »Ich bleib hier sitzen. Wenn das Monster kommt, verjag ich es.«

»Wirklich?«, fragt Konstantin.

»Wirklich«, sagt Papa.

Da macht Konstantin die Augen zu.

Auf einmal ist er sehr, sehr müde.

Fast wäre er eingeschlafen, da hört er plötzlich etwas rascheln.

Sofort schreckt er hoch und flüstert: »Ist das Monster da?«

Papa grinst. »Es war kurz da, aber ich hab es verscheucht. Das kommt nie wieder.«

»Toll!«, sagt Konstantin. Dann schläft er ein und träumt, wie Papa das Monster verjagt. Schreiend rennt es davon.

Kuschel und Wuschel

Kuschel und Wuschel liegen auf einer Wolke im Himmel. Eigentlich sollten die beiden Traumschäfchen auf die Erde fliegen und den Kindern beim Einschlafen helfen. Aber auf der Wolke ist es so schön weich und warm! Kuschel und Wuschel machen nur ganz kurz die Augen zu – und schon sind sie im Reich der Träume. Plötzlich wacht Kuschel auf. Oh nein, der Mond ist schon aufgegangen! Schnell weckt er Wuschel. »Wir müssen los!«
Kuschel und Wuschel sausen hinunter auf die Erde. Alle Häuser sind dunkel. Alle Kinder schlafen schon. Nein, nicht alle! In einem Fenster brennt Licht. Pauline ist noch wach. Die Traumschäfchen fliegen in ihr Zimmer und kuscheln sich zu ihr unter die Decke. Bald schläft Pauline ein. Leise fliegen Kuschel und Wuschel wieder zurück zu ihrer Wolke und träumen weiter.

33

Schlaf schön,
Greta

Greta gähnt lange.
Ihre Augen sind müde, und
ihre Füße sind schwer.
Jetzt will Greta schlafen.

Komm her, kleiner Teddy.
Beeil dich und räum auf.
Pack die Sachen weg.
Das Zimmer soll
ordentlich werden.

Die Puppen wollen schlafen.
Die Kleider werden
zusammengelegt.

Die Autos müssen geparkt werden.
Alle wollen sich ausruhen.

Jetzt aber schnell.
Das kuschelige Bett wartet schon.
Schlafen ist so gemütlich,
warm und weich und wichtig.

Jetzt zieht Greta sich aus.
Ihren Pullover hängt sie auf.

Auch der Teddy muss sich
für die Nacht umziehen.

44

Der Schlafanzug hat Punkte.
Greta knöpft ihn zu.

Dann kämmt sie ihre Haare
und putzt ihre Zähne.

Die Kuscheltiere werden ins Bett gebracht.
Greta geht von einem zum andern.
Jede Nase bekommt einen Kuss.
Nun ist der Tag wirklich zu Ende.

47

Und jetzt fängt die Nacht an.
Da kann viel passieren.
Abenteuer und Unfug.
Jedenfalls in Gretas Träumen.

Im Traum kann Greta fliegen
wie ein Hubschrauber.
Und sie hat ein Pony
mit eigener Weide.

51

Sie kann in ein Märchenland reisen
und ein Prinzessinnenkleid anziehen.
Sie kann im Schloss Tee trinken
und mit dem König Fußball spielen.

Sie kann auf einer
Wiese tanzen,
viele Blumen pflücken
und Brot aus Sand backen.

Und neue Schuhe anprobieren.

Aber erst liest Mama noch eine Geschichte vor.
Greta nimmt den Teddy in den Arm.
Mama macht das Licht aus.
Die Tür bleibt einen Spalt offen.

Das Kissen ist
so kuschelig.

Das Bett ist
so weich.

Greta macht die Augen zu.
Gute Nacht und schlaf schön …

Gute Nacht,
alle zusammen!

»Mmm, wie gut das riecht«, sagt Molly
und schnuppert an der Bratwurst. »Ein bisschen
muss ich sie noch ins Feuer halten!«

»Das ist ein leckeres Lagerfeuer«, sagt Hip.
»Leckeres Lagerfeuer-Essen«, sagt Hop.
»Auweia!« Edison guckt enttäuscht auf seine Angel, an
der ein verbrannter kleiner Klumpen baumelt. »Jetzt ist
meins zerbrutzelt. Gar nichts mehr da
vom schönen Zuckerspeck.«

Monsterpapa Popo und Monstermama Etna kommen mit Kissen und Schlafsäcken beladen.

»Eine Nacht im Garten. Das wird gemütlich«, schwärmt Mama.

»Und aufregend.« Papa sieht hinüber zum Lagerfeuer.

»Na, möchte jemand helfen?«, fragt er und lässt die Schlafsäcke auf den Boden fallen.

Molly wirft einen Blick auf den Kissen- und Schlafsackberg. »Nö.«

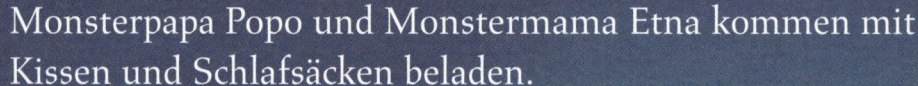

»Und du, Hip?«, fragt Papa.
»Nö«, antwortet Hip.
»Hop?«, fragt Papa.
»Nö«, antwortet Hop.
Popo grinst. »Wunderbar«, sagt er. »Desto größer
ist die Überraschung.«

Popo packt den Rucksack aus: eine Laterne, einen Wecker, einen Blasebalg und zuletzt eine feuerrote Luftmatratze.

»Etna? Ein paar Hüpfer gefällig?«, fragt er. Kichernd wirft sich Mama auf die Matratze.

Popo tritt den Blasebalg, und WUIII! fliegt Mama nach oben.

WUIII! WUIII! WUIII! Immer und immer wieder.

»Wunderbar«, juchzt sie.

»Molly, schau es dir an«, bittet Popo.

Doch Molly dreht sich nur kurz um: »Aber ich will jetzt gar nicht kommen!«, sagt sie.

»Genau, wir auch nicht«, rufen Hip und Hop.

Haha!

»Sie bauen Nester, wie es scheint!«, sagt Edison. »Nichts wie hin, kleine Molly Monster!« Molly, Edison und Hip und Hop sehen einander an und rennen dann zu Papa Popo und Mama Etna. Tatsächlich: Auf dem Boden sind drei Schlafsäcke ausgebreitet. Ein großer Molly-Schlafsack, einer für Hip und Hop und in der Mitte ein winzig kleiner für Edison. Popo breitet die Arme aus. »Eine Nacht, wie gemacht, um unter den Sternen zu schlafen«, sagt er glücklich.

»Ja«, sagt Molly. »Hurra!«

»Hurra, hurra«, jubelt Edison und schlüpft mit der Nase voran in seinen Schlafsack.

»Ahh, hier ist zu viel Dunkelheit drinnen. Hilfe!«, ruft er.
Molly kichert und hebt den Schlafsack mit dem strampelnden Edison hoch. Dann zieht sie ihn heraus und steckt ihn richtig herum in den Schlafsack.

»Ach, Edison«, sagt sie und knutscht ihm einen dicken
Kuss auf die Wange.
»Iiiih … bähh! Ähhh …« Edison schüttelt sich. Dann
grinst er. »Ich meine … Danke schön!«

»Jetzt wird es aber so richtig gemütlich«, sagt Hip und schlüpft unter die dicke Decke.
»Genau«, sagt Hop. »Richtig gemütlich.«
Auch Molly und Edison kuscheln sich in die Schlafsäcke.
»Jaja, schön«, murmelt Molly und macht die Augen zu.
»Na ja …«, flüstert Edison und verzieht das Gesicht. Dann hat er eine Idee. Schwuppdiwupp kriecht er in seinem Schlafsack wie eine Raupe zu Molly unter die Decke und klettert auf ihren Bauch.
»Schon viel besser«, murmelt er.
»Jaja«, antwortet Molly und lächelt.

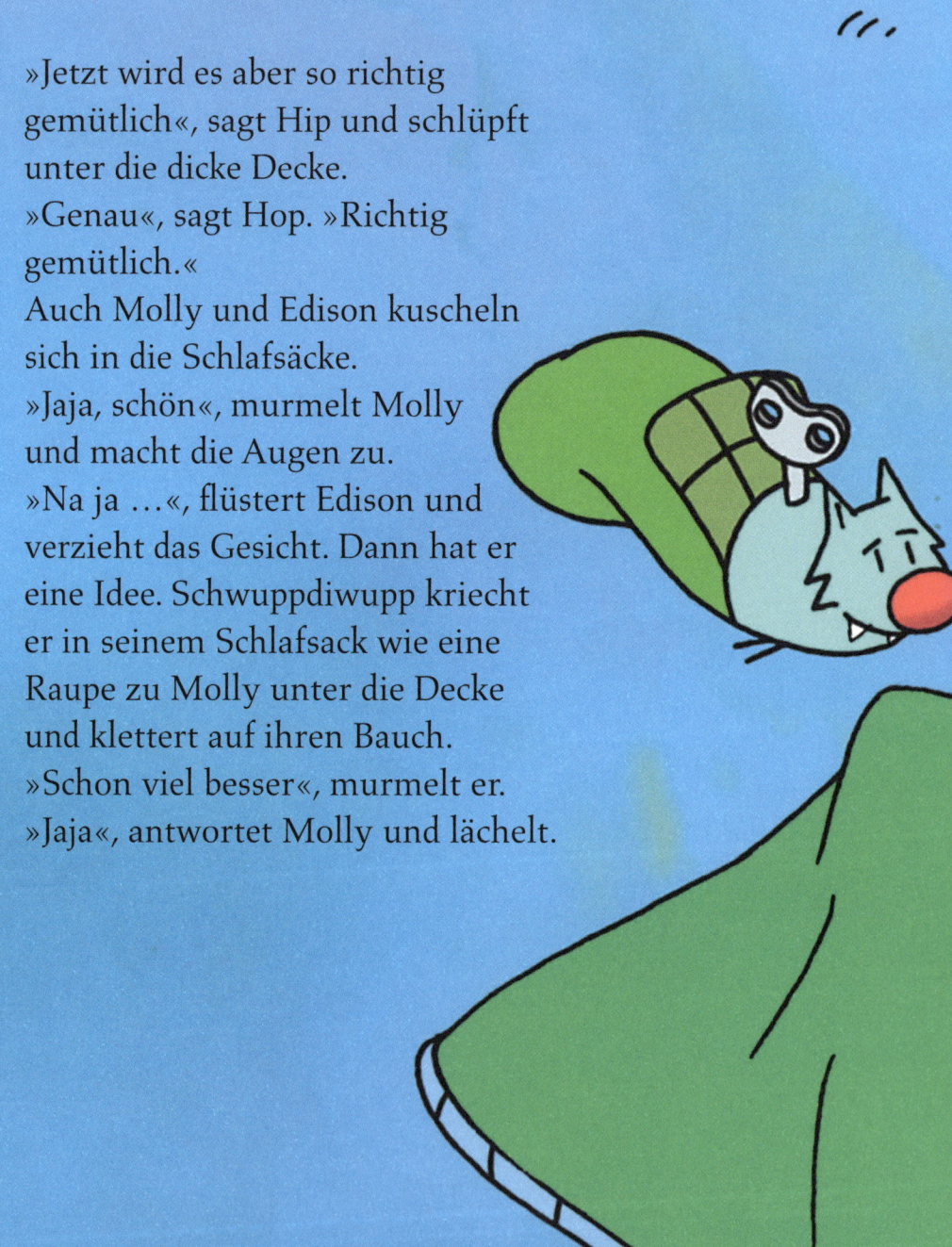

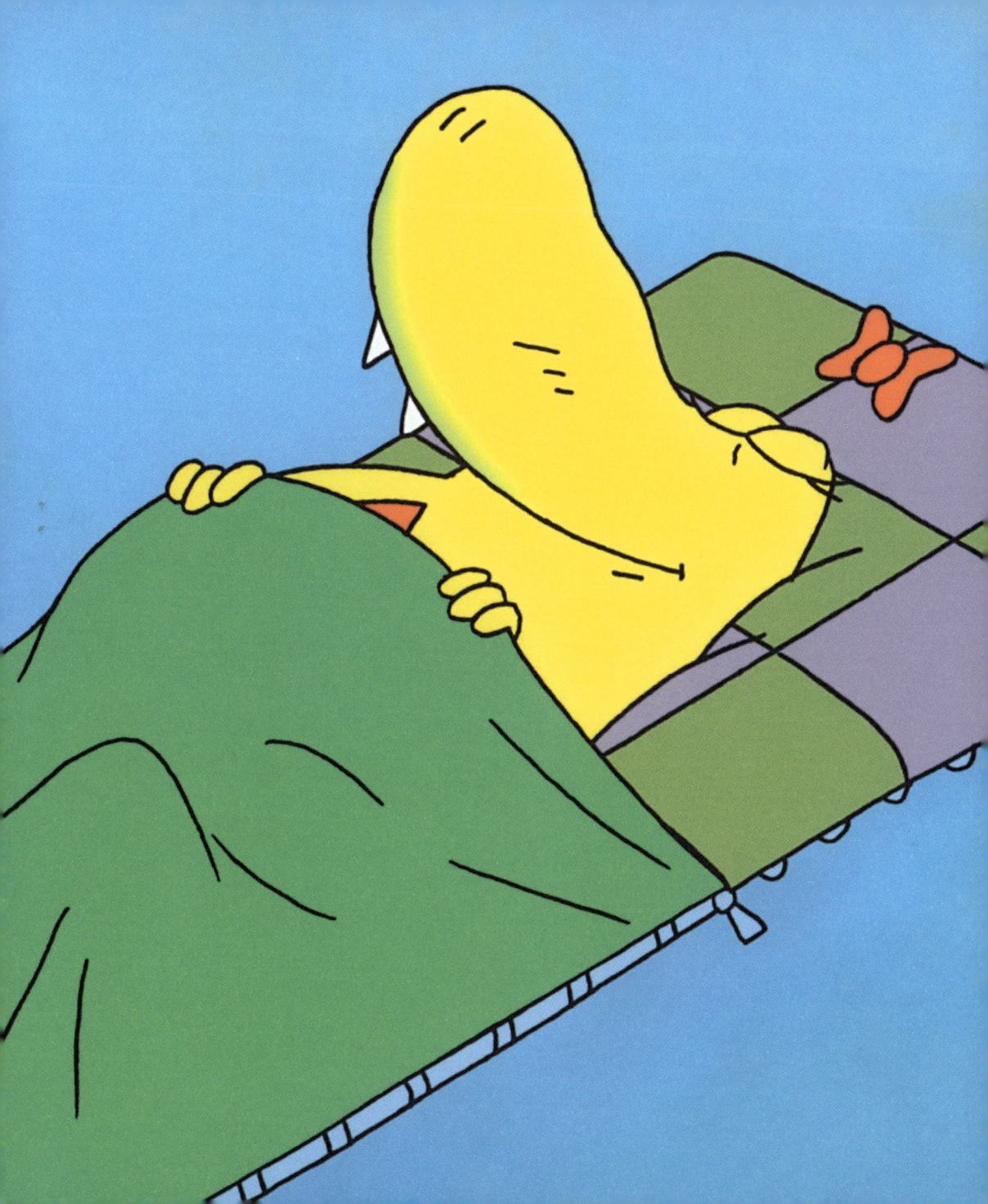

Eine richtig lange Weile ist es richtig still. Edison
schnarcht, doch Molly kann nicht schlafen.
»Hip?«, fragt sie. »Bist du noch wach?«
»Nein«, sagt Hip. »Aber Hop ist wach.«
»Nö, bin ich nicht. Ich schlafe«, antwortet Hop.
»Ich finde, jetzt ist das Dunkle viel dunkler als vorhin«,
sagt Molly und guckt ängstlich.

»Ich mag es, wenn es dunkel ist. Und auch, wenn es dunkler ist«, meint Hip.

»Ich leider nicht«, sagt Hop. »Ich mag es weder dunkel noch dunkler.«

Eine Sternschnuppe fliegt über die Köpfe von Monstermama, Monsterpapa, Molly, Edison und Hip und Hop.
»Ist das nicht aufregend, hier draußen in der
Wildnis, meine Liebe?«, fragt Popo Etna und legt
seinen Arm sacht um sie.
Etna kuschelt sich dicht an ihn und flüstert: »Ist es
wirklich. Und ich fühle mich so geborgen
bei dir, mein Liebster.«

Molly sieht Edison an, Hip sieht Molly an, Hop sieht Hip an, und Edison sieht Molly an.

Da drüben bei Mama Etna und Papa Popo ist es ja doppelt so kuschelig!

FLUPP! FLUPP! hopsen sie in ihren Schlafsäcken ganz nah zu den Monstereltern.

»Eine Übernachtungskuschelei«, kichert Edison.
»Ist es nicht aufregend hier draußen unter freiem
Himmel, Edison?«, fragt Molly.
Edison schließt die Augen. »In der Tat, in der Tat. Bei
mir ... äh, dir fühl ich mich so geborgen.«
»Gute Nacht!«, ruft Molly in die Schlafsackrunde.

Gute Nacht

Gute Nacht

Gute
Nacht

Gute Nacht

80

»Gute Nacht«, ruft Edison.
»Krrchepüh«, macht Molly.
Edison guckt erstaunt hoch. Ist Molly etwa schon ein-
geschlafen? Gerade war sie doch noch ratzfatz wach?
Aber Molly schläft schon.
Edison streicht der kleinen Monsterin über den Bauch
und flüstert: »Gute Nacht, Molly. Bis morgen früh.«

Peterchens
Mondfahrt

Sumsemann hieß der dicke Maikäfer, der sich eines
Abends im Frühling in das Zimmer von Peterchen und
Anneliese verirrte. Er ließ sich auf dem Tisch nieder
und spielte auf seiner winzigen Geige ein lustiges
Maikäfertänzchen. So vertieft war er, dass er gar nicht
merkte, wie er von den beiden Kindern beobachtet wurde.
»Warum hast du denn nur fünf Beine?«, fragte Peterchen.
Er wusste nämlich genau, dass ein ordentlicher Maikäfer
sechs Beine haben musste.

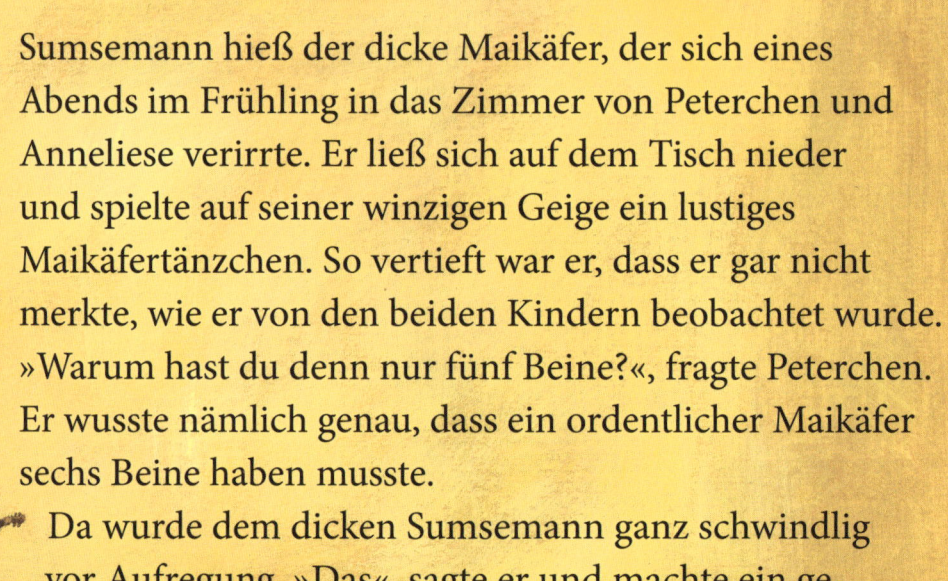

  Da wurde dem dicken Sumsemann ganz schwindlig
vor Aufregung. »Das«, sagte er und machte ein ge-
heimnisvolles Gesicht, »ist eine sehr traurige und
wundersame Geschichte.«

Holzdieb

Die Sumsemänner, erzählte der Maikäfer,
waren seit Langem berühmt, weil sie alle
nur fünf Beine hatten. Und das kam so:
Vor vielen Jahren hatte ein Holzdieb im Wald
eine Birke gefällt und dabei dem Urahn der
Familie Sumsemann ein
Beinchen abgehauen. Zur Strafe
verbannte die Nachtfee den
Holzdieb mitsamt der
Birke auf den höchsten
Mondberg.

Urahn

Nachtfee

Leider klebte auch noch
das Beinchen von
Urgroßvater
Sumsemann am
Baum. »Da kann
ich nichts machen«, sagte die Fee
bedauernd. »Aber wenn du zwei
Kinder findest, Sumsemann, die Tiere
lieben und die mit dir zum Mond
fliegen wollen, dann darfst du das
Beinchen wiederholen.«

Seitdem brummten die Sumsemänner mit fünf Beinen
durch die Welt. Aber die meisten von ihnen waren auf
der Suche nach ihren Rettern einfach erschlagen worden.
»Wollt ihr mir helfen?«, fragte der Maikäfer zitternd vor
Aufregung. Das war ein großer Augenblick für ihn.

»Wir helfen dir gerne«, sagte Peterchen, »aber der Mond
ist so hoch oben, und wir können nicht fliegen.«
»Das bringe ich euch bei«, antwortete Herr Sumsemann
glücklich und nahm die Geige ans Kinn. »Aufgepasst –
rechtes Bein, linkes Bein …«
Und so flogen sie wenig später zum Fenster hinaus, über
die Wiese und über den See und hinauf zu den Sternen.
Der Käfer flog voran und geigte unermüdlich.

Die erste Station ihrer Reise war die Sternenwiese,
wo das Sandmännchen wohnt. Das Sandmännchen
hat viele wichtige Aufgaben am Himmel. Tagsüber
muss es aufpassen, dass die Sterne ihre
Strahlen richtig putzen – denn lauter kleine,
silberhaarige Mädchen sind die Sterne.
Abends huschen die Sterne von der
Wiese fort an den Himmel, und
der Sandmann schaut mit seinem
Fernrohr nach, ob sie auch alle an
ihrem Platz stehen. Danach müssen
die Mondschäfchen auf die Weide
gelassen werden.

Und schließlich pustet das Sandmännchen mit
seinem langen Pusterohr feinen, leuchtenden
Sand auf die Erde. So schenkt es allen Kindern
Schlaf und schöne Träume.

91

Das Sandmännchen war gerade mit der Arbeit fertig, als
Peterchen, Anneliese und Herr Sumsemann durch die
Nacht herangeflogen kamen.
»Was wollt ihr denn hier?«, fragte es erstaunt.
»Wir wollen zum Mond«, erklärte Peterchen, »das sechste
Bein vom Sumsemann holen.«

Das war eine schwierige Sache. Das Sandmännchen
dachte lange nach. »Ich hab's!«, rief es schließlich.
»Kommt heute Nacht um zwölf mit mir zum Kaffee-
klatsch bei der Nachtfee – die wird euch helfen.«
Er zog eine riesige Taschenuhr aus seinem Schlafrock
und tippte mit dem Finger darauf. »Der Mondschlitten
wird gleich da sein.«

Von acht Nachtfaltern wurde der schneeweiße Mond-
schlitten gezogen, in den Peterchen, Anneliese, Herr
Sumsemann und das Sandmännchen nun einstiegen.
Lautlos glitt er über die Milchstraße dahin, vorbei an
weißen Milchbäumen und an Mondwiesen, auf denen
Himmelsziegen und Mondkälber weideten. Das Schloss der
Nachtfee lag ganz am Ende der Milchstraße. Am Fuß einer
Treppe aus weißem Glas hielt der Schlitten schließlich an.

Die Nachtfee saß
auf ihrem Thron in
einem großen Saal mit silbernen Säulen
und empfing ihre Gäste: Als Erstes erschien
mit einem gewaltigen Donnerschlag der
Donnermann; die Windliese wirbelte ihm nach,
gefolgt von der dicken Wolkenfrau und der Blitzhexe.
Danach kamen mit viel Geplatsche der Wassermann
und der Regenfritz. Der Eismax und der Hagelhans
nahmen nebeneinander Platz. Frau Holle schneite
herein, und dann schwebte in einem Strom von
goldenem Licht die Sonne in den Saal.
»Wo bleibt nur das Sandmännchen?«, fragte die
Nachtfee. Da ging wieder das Tor auf.

Staunend sah die Versammlung zu, wie das Sandmännchen hereinspazierte, gefolgt von zwei Kindern im
Nachthemd und einem dicken Maikäfer. Die Nachtfee
sah den Käfer an und sagte: »Du hast also wirklich zwei
Kinder gefunden, die dir helfen wollen?«
Herr Sumsemann verbeugte sich zitternd.
»Gut!«, sagte die Nachtfee. »Aber ihr müsst euch beeilen,
denn die Kinder müssen vor dem Morgen wieder
zu Hause sein. Der große Bär wird euch zum Mond
bringen!«

Der große Bär war so groß, dass die vier Reisenden eine
Leiter brauchten, um auf seinen Rücken zu klettern.
»Hopp, Petz!«, rief das Sandmännchen, und der Bär
stürmte aus dem Saal, dass ihnen Hören und Sehen
verging.

Es war ein langer Weg durch den Weltraum, bis der Bär
endlich mit einem kühnen Satz auf dem Mond landete.
Und weiter ging's, an der Weihnachtswiese vorbei, wo
der Weihnachtsmann wohnt und das Spielzeug auf den
Bäumen wächst, über das Krustengebirge und durch
die Mondwüste, bis sie zu einer finsteren Schlucht
kamen. Hier, am Fuße des größten Mondbergs, setzte
der Bär sie ab.

»Was ist das?«, fragte Anneliese und zeigte auf eine große, rote Kanone.

»Die Mondkanone«, erklärte der Sandmann.

»Damit schieße ich euch jetzt auf den Berg, denn anders könnt ihr nicht hinaufkommen.«

Peterchen und Anneliese bedankten sich beim Sandmännchen und verabschiedeten sich so herzlich, dass der Sandmann vor lauter Rührung ein paar Tränen weinte. Dann wurde erst der Sumsemann (er hatte ein bisschen Angst), danach Peterchen und zum Schluss Anneliese in die Kanone gesteckt. Mit einem großen Bumm! – flogen sie himmelwärts den Berg hinauf.

Und tatsächlich – da stand die Birke, mitten auf dem Mondberg, und an einem rostigen Nagel hing das Maikäferbeinchen. Vorsichtig nahm Peterchen es ab. Herr Sumsemann war vor lauter Angst in der Kanone ohnmächtig geworden. Deshalb merkte er gar nicht, wie Anneliese ihm das Beinchen mit viel Spucke wieder anklebte.
»Herr Sumsemann, Herr Sumsemann«, schrie Peterchen ihm ins Ohr. »Schau dir mal dein Beinchen an!«

Das wurde ein Freudentanz, als der
Maikäfer erwachte!
Aber dann ging die Sonne auf, und Herr
Sumsemann musste ganz schnell einen
Zauberspruch sprechen, damit die Kinder
noch rechtzeitig wieder auf die Erde kamen.
Summsalabumm!

Als Peterchen und Anneliese am nächsten
Morgen erwachten, brummte an der
Fensterscheibe ihres Zimmers ein Käfer.
Vorsichtig nahm Anneliese ihn in die
Hand. Sie zählte die Beine – es waren
sechs. Das Abenteuer war also
nicht umsonst gewesen. Da öffnete
Anneliese weit das Fenster; der Käfer
breitete seine Flügel aus und summte
hinaus in den blauen Morgen.
»Tschüss, Herr Sumsemann, komm gut
nach Hause!«, riefen die Kinder und
winkten ihm nach.

Eine magische Freundschaft

108

Guten Abend, kleiner Schatz.

Weit, weit weg im fernen Zauberwald steht ein großer, alter Nussbaum. Hoch oben in seinem Stamm gibt es eine Höhle. Hier hat die kleine Gutenacht-Fee Maluna Mondschein ihr Nest. Es ist das kuscheligste Feennest, das du dir vorstellen kannst. Dort gibt es ein winziges Himmelbett mit tausend weißen Glitzerkissen, eine kleine … oh, warte mal … Gerade fällt mir ein, dass du ja vielleicht noch gar nicht weißt, wo der geheimnisvolle Zauberwald überhaupt ist? Gut, dann erkläre ich dir den Weg dorthin. Ganz von Anfang an und direkt von da aus, wo du gerade bist.

Der geheimnisvolle Zauberwald ist wirklich ziemlich weit weg und liegt sehr gut verborgen. Guck mal aus dem Fenster, endlos in die fernste Ferne, so weit, wie dein Auge sehen kann. Von dort aus muss man das Gleiche noch mal machen und dann noch mal. Und schon ist man im Zauberwald.

Doch dieser Wald ist natürlich kein ganz normaler Wald,
so wie bei euch vielleicht einer um die Ecke ist. Sonst
wäre es ja schließlich auch kein Zauberwald. Zwar gibt es
darin all die Tiere, die du kennst: Kaninchen, Mäuse, Rehe,
Blindschleichen, Käfer, Spechte und noch allerlei andere
Waldtiere, die man bei kaum einem Spaziergang je zu Gesicht
bekommt. Aber es leben dort eben auch Wesen, wie du sie noch
niemals gesehen hast. Die kleine Hexe Ranunkel Krakelei zum Bei-
spiel. Oder Foxtrott Fuchs, der kleine Bär, der kleine Zauberer und der
kleine Drache. Der übrigens gar nicht sooo klein ist, wenn
man's genau nimmt. Stehst du erst mal unter dem
prächtigen Nussbaum auf dem Feenhügel, hast du
einen wunderbaren Ausblick über den ganzen
Zauberwald. Siehst du die kunterbunten
Postluftballons, den Bröselfelsen, den Klein-
birnbrückenwinkel und das Reich der
Schwestern Rosarot? Und schau nur, dort
ist der See, in dem Nike, das Seefräulein,
mit ihren Goldfischen Pommes und
Fritz und noch vielen anderen
Wassertieren um die Wette schwimmt.

Und wenn du dich jetzt ganz leise umdrehst und am mächtigen Stamm des Nussbaums entlang nach oben blickst, entdeckst du einen kleinen Vorsprung. Das ist Maluna Mondscheins Lande-pilz. Dahinter, guck, ist eine winzige Haustür zu sehen. Nur ganz wenige Menschen dürfen überhaupt wissen, wo Maluna ihr geheimes Feennest hat. Jetzt gehörst du auch dazu. Aber pscht!!!, nicht weitersagen, versprochen?
Und nun machen wir es einfach wie immer. Wir klopfen an das Türchen und statten Maluna Mondschein einen Besuch ab. Denn ich finde, es gibt fast nichts Schöneres auf der Welt, als sich mit der kleinen Gutenacht-Fee zu treffen und ihren Geschichten zu lauschen, findest du nicht auch?
Gut, also los geht's.
Haben wir noch was vergessen?

Aber ja, du musst dich richtig mummelkuschelig zudecken
und es dir gemütlich und bequem machen. Denn ich habe
irgendwie das Gefühl, dass Maluna uns dieses Mal nicht nur
Gutenacht-Geschichten erzählt, sondern *gute Nachtgeschich-
ten*. Dunkel und geheimnisvoll, verstehst du?
Denn heute ist Vollmond im Zauberwald, und an Vollmond kommt
Malunas Wolf sie besuchen. Und was machen die beiden dann?
Na, sie machen das, was am allermeisten Spaß macht. Und was macht
am allermeisten Spaß? Das ist für Maluna ganz und gar mondklar:
In den Mond gucken und Geschichten erzählen! Und da wollen
wir natürlich zuhören.
Aber: Wir müssen ganz, ganz leise sein, denn Maluna hat
uns zwar erlaubt zuzuhören, aber nur, wenn wir ganz
still sind! Sonst scheucht sie uns mir nichts, dir nichts
            aus dem Zauberwald …
            Also, pssst!

113

Und da ist er auch schon! Malunas Wolf. So einen kuschelig-lieben Wolf hast du sicher noch nie gesehen. Lass uns jetzt ganz still sein und zuhören, welche Geschichte uns der Wolf erzählt!

»Hrem, hrem, hrem«, der Wolf räuspert sich. Er braucht offensichtlich noch ein wenig Zeit zum Nachdenken. Vielleicht muss er sich die Geschichte auch gerade erst ausdenken, das kann man nicht wissen. Aber so ganz allmählich werden sogar wir ungeduldig.
»Nun erzähl schon«, drängeln wir.
Ups …!
Pscht, gaaanz still, hoppla, wir haben gar nix gesagt, lalala …
»Hast du das gehört?«, fragt der Wolf.
»Was gehört?«, will Maluna wissen. Dabei macht sie große, unschuldige Feenaugen. »Bestimmt war das nur der Wind. Oder eins dieser Woll-pulloverschafe. Aus der MENSCHENWELT!!! Bäh, mäh.«
Ui, wir müssen uns nachher bei Maluna bedanken, dass sie uns nicht verraten hat.
»Aaalso«, beginnt der Wolf. »Als ich vor ein paar Tagen nach dem Abendessen …«
»Was gab's?«, unterbricht ihn Maluna.

114

Oh, gut, das hätte ich jetzt auch gefragt.

»Schokoladeneis und Salzstangen, wie immer mittwochs«, erklärt der Wolf. »Also. Jedenfalls habe ich nach dem Abendessen noch einen kleinen Spaziergang gemacht.«

»Warum?«, fragt Maluna.

»Äh«, sagt der Wolf, »weil ich mittwochs nach dem Abendessen immer noch einen kleinen Spaziergang mache.«

»Hm.« Maluna schweigt. »Gut«, sagt sie nach einer Weile. »Weiter.«

»Ich gehe also spazieren, nach meinem Abendessen aus Salzstangen und Schokoeis, wie immer mittwochs, da sehe ich über dem Haus der Schwestern Rosarot einen …«

»Dann war das aber ein ziemlich langer Spaziergang«, fällt Maluna ein. »Von dir bis zu den Schwestern Rosarot, das sind ja mindestens …«

»Fee?«, unterbricht sie der Wolf. »Warte mal. Willst du eine heile Geschichte oder eine Schnipselgeschichte?«

»Schnipselgeschichte«, erwidert Maluna, ohne zu zögern. »Dann dauert sie länger.«

»Ach so«, erwidert der Wolf. »Verstehe. Gut. Ich bin also auf diesem sehr langen Spaziergang, mitten in der Woche, nach Salzeis und Schokostangen …«

»Salzstangen und Schokoeis«, verbessert Maluna.

Der Wolf knurrt. »Meinetwegen. Über dem Haus der Schwestern Rosarot schwebt etwas. Ich kann nicht genau erkennen, was es ist, und gehe etwas näher heran.«

»War es arg dunkel?«, fragt Maluna.

»Stockdunkel, kein einziger Stern«, erwidert der Wolf. »Aber das Ding über dem Schlösschen leuchtete …«

»… rosa«, beendet Maluna den Satz.

»Richtig. Rosa. Und es war groß. Fast so groß wie das ganze Haus der Schwestern Rosarot.«

»Oh.« Maluna staunt. »Lass mich raten. Es war ein fliegender Baum. Nein. Ein fliegendes Schiff auf dem Weg von einem Ozean in den nächsten. Und über Nikes See ist wieder eine Schatzkiste heraus-geplumpst. Dann kam Nike angeschwommen und …«

»Stopp, stopp, stopp«, der Wolf schüttelt den Kopf. »Das wird ja jetzt eine ganz neue Geschichte.«

Maluna nickt. »Eben. Dann wird sie noch länger.«

»Nee«, der Wolf schüttelt den Kopf. »Wir können ruhig meine Geschichte zerschnipseln, aber wir basteln nicht noch eine andere, neue dran.«

»Abgemacht«, sagt Maluna und kreuzt hinter ihrem Rücken die Finger.

»Das schwebende rosa Riesengerät war, und jetzt halt dich fest …«, sagt der Wolf und macht eine Kunstpause. »Aua! Das ziept.«

»Was denn?«, fragt Maluna unschuldig.

»Du hast doch gesagt, ich soll mich festhalten.«

»Aber doch nicht an meinen Bart- haaren!« Der Wolf niest. Das muss er immer, wenn etwas an seinen Schnauzhaaren ziept.

»Das schwebende rosarote Riesending war …«, erinnert die kleine Fee.

»… war?«, sagt der Wolf abwartend.

»Mama Drache!«, ruft Maluna. »In einem neu gefärbten rosa Rüschen- kleid.«

»Genau«, sagt der Wolf.

117

»Och.« Maluna klingt enttäuscht. »Das war ja einfach.«

»Reingelegt«, ruft der Wolf.

»Echt jetzt?« Maluna klatscht in die Hände. »Mondregenbogenfunkel aber auch.«

Der Wolf lächelt zufrieden. »Also, noch mal ganz von vorne. Ich gehe am Mittwoch nach dem Abendessen mit Eis und, äh, Dings, einen Spaziergang machen und sehe über dem Haus der Schwestern …«

»Weiter!«, drängelt Maluna. »Was war es denn nun?«

»He, du wolltest doch eine Schnipselgeschichte«, verteidigt sich der Wolf.

»Aber doch nicht sooo kleine Schnipsel«, sagt Maluna. »Wir sind ja schon fast bei Konfetti. Also?«

»Es war ein … Zeppelin!«

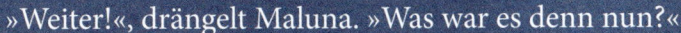

»Ein Zeppelin?« Maluna macht große Augen.
Ihre Stimmungssträhne bildet ein tomatenrotes,
rundes Fragezeichen. Hoppla, eine ganz neue
Farbe. Die sehen wir wirklich selten. Rot für Riesen-
Ratlosigkeit, sozusagen.

»Ja«, antwortet der Wolf. »Ein Zeppelin. Ein magischer
knallrosa Zeppelin. Und darunter hing das Fahrerhaus, und aus
dem Fahrerhaus heraus …«

»Guckte eine pinke Maus«, dichtet Maluna.

»Quatsch.« Der Wolf schüttelt den Kopf. »Eine Strickleiter.
Und an der baumelte Schwester …«

»Rot?«, schlägt Maluna vor.

»Rosa«, verbessert der Wolf. »Schwester Rot stand unten und hielt
die Strickleiter fest. Und kommandierte ihre arme Schwester
herum.«

»Typisch«, kommentiert die kleine Gutenacht-Fee.

»Schwester Rosa kraxelte mit einem Rucksack immerzu hoch und
runter. Oben bekam sie etwas hineingesteckt, schüttete es unten
in eine von Schwester Rots Schubkarren, kraxelte wieder hinauf und
immer so weiter.«

»Konntest du sehen, was … und konntest du sehen, wer …«, haucht
Maluna, denn mit dem Auftauchen eines magischen Zeppelins mit

geheimnisvoller Fracht
und strickleiterkletternder
Schwester Rosa hätte sie
in dieser nervenaufreibenden
Konfettischnipselgeschichte nun wirklich nicht gerechnet.

»Was Schwester Rosa in die Schubkarren kippte? Und wer ihr die Sachen oben in den Rucksack steckte?«, hakt der Wolf nach.

Maluna nickt, dass ihre Haare fliegen.

»Wow«, sagt der Wolf, »du kannst Headbanging.«

»Hättbänging?«, fragt die kleine Fee.

Der Wolf nickt. »Das machen die Menschen, wenn sie in ein Konzert mit sehr lauter Ohrenschmerzkrachmusik gehen. Sie bongsen mit ihrem Kopf im Takt, so wie du eben, und schleudern ihre Haare hin und her.«

»Pf, die Menschen wieder«, sagt Maluna. »Bei denen fressen Wölfe ja auch Großmütter.«

»Was???« Der Wolf japst entsetzt und tippt sich an die Stirn. »Also weiter. Ich schlich mich näher heran …«

»Warum bist du geschlichen? Die Schwestern Rosarot kennen dich doch.«

»Ja, aber irgendwie hatte ich das Gefühl, als ob es sich um eine sehr geheime Geheimaktion handelte, so mitten in der Nacht und ohne Sterne, verstehst du?«

Maluna nickt. »Ich kann mir schon denken, was es damit auf sich hatte. Bestimmt haben die beiden irgendwelche Spezialzutaten und Rosazauberzeug bestellt. Und das war eine Lieferung.«

»Exakt. Als der Zeppelin die Strickleiter schon wieder eingezogen hatte und sich die Schwestern Rosarot über die Verteilung der Pakete stritten, fiel mir nämlich plötzlich ein kleines rosafarbenes Päckchen direkt vor die Füße. Mitten aus dem Nachthimmel heraus. Wahrscheinlich hat der Bote es einfach über Bord geworfen, weil Schwester Rosa es vergessen hatte.«

»Und?« Maluna hält den Atem an. »Was war drin?«, quetscht sie heraus.

»Tja«, antwortet der Wolf. »An diesem Mittwoch, es gab Salzbrezeln und Vanilleeis, da ging ich noch eine Runde spazieren. Es war ein langer Weg, ich lief und lief ... und lief. Uuund lief ... bis zu den Schwestern Rosarot muss man ...«

»Wolf! Mach schon«, ruft Maluna ungeduldig. »Du hast es doch aufgemacht, oder? Hast du doch?«

»Äh ...«, sagt der Wolf und denkt nach. »Hab ich?«

»Jaaa!!!«, ruft die kleine Fee. »Klar!«

»Also, ich weiß nicht ...«, der Wolf zögert. »Es war ja schließlich nicht für mich gedacht.«

»Aber du hast es doch wenigstens mal in die Hand genommen und geschüttelt«, bettelt Maluna und rüttelt an Wolfs Pfote.

»Ja, gute Idee«, sagt der Wolf erleichtert. »Ich hab es genommen und geschüttelt. *Absender: WeltWeitesWolkenWerk* stand drauf. Und weißt du was ...?«

»Was?«, japst Maluna. Vor lauter Neugier kann sie nicht mehr still sitzen und flirrt dem Wolf in ungeduldigen Kreisen über dem Kopf herum.

»Es hatte einen durchsichtigen Deckel!«

»Einen durchsichtigen Deckel?« Die kleine Fee kreischt fast vor Aufregung. »So ein Glück! Und? Was hast du gesehen?«

Und da der Wolf ein guter Mondgeschichtenerzähler ist und ein prima Schnipselgeschichtenerfinder und ein noch besserer Konfettischnipselgeschichtenerzähler, fängt er dort an, wo man anfängt, wenn man jemanden auf die Folter spannen will. Nämlich ganz am Anfang.

»Also«, sagt der Wolf deshalb, »nach meinem Abendessen aus Chips und Gummibärchen, irgendwann mitten in der Woche, war es ein Mittwoch oder ein Donnerstag?, ich weiß es nicht mehr genau, da hatte ich Lust auf einen kleinen Verdauungsspaziergang. Und wie ich so strolcht' durch den finsteren Tann …«

»Wooolf!« Maluna packt ein Barthaar und beginnt daran zu ziehen.

»Auuuutsch«, jault der Wolf, »ist ja schon gut.«

»Ich lass erst los, wenn du sagst, was in der Schachtel war.«

»Überredet«, sagt der Wolf. »Es war …«, er senkt seine Stimme zu einem rauen Flüstern.

»Rpschsch, schrreeh, schrooh, rpschsch«, versteht man hinter den Bäumen in unserem Versteck.

Och nein, jetzt flüstern die beiden! Man kann ja gar nicht hören, was sie reden!

»Wirklich? Ehrlich? Ohne Quatsch?«, ruft jetzt die kleine Gutenacht-Fee und fliegt einen Salto. »Das war drin? So was will ich auch haben!«

Okay, wir bleiben ganz ruhig.

Das Allererste, was wir nachher tun werden, wenn der Wolf sich wieder auf den Heimweg gemacht hat, ist, Maluna zu fragen, was in der Box war, versprochen.

»Hab ich mir schon gedacht, dass du auch so eins willst«, sagt der Wolf. »Ich kenne doch meine Fee.« Dann erhebt er sich und schüttelt die letzten Regentropfen aus seinem Fell. »Hoch mit dir, ich bring dich nach Hause«, sagt er, und Maluna macht es sich auf seinem Rücken gemütlich.

»Und wie ging die Geschichte weiter?«, will Maluna wissen, während der Wolf leise durch den Wald trabt.

»Ich habe das Päckchen artig bei den Schwestern Rosarot abgegeben und bin nach Hause gegangen, Ende der Geschichte.«

»Und da kommt jetzt auch nix mehr?«, fragt Maluna. »Kannst du nicht noch ganz genau beschreiben, *wie* du heimgegangen bist? Wie viele Schritte und was du so alles gedacht hast und wen du getroffen hast, an welchen Pflanzen du vorbeigekommen bist und welche …«

»Leider. Absolutes Ende. Und ich muss jetzt auch los … Bis bald, Lieblingsfee«, sagt er und schleckt Maluna zum Abschied blitzschnell übers Gesicht.

»Schon wieder«, schimpft Maluna, »bluäh!« Doch sofort schlingt sie ihre Arme um seine Schnauze und drückt einen dicken Feenkuss

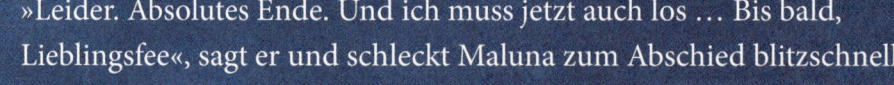

darauf. Anschließend flattert sie auf den höchsten Ast des Nussbaums hinauf und winkt dem Wolf so lange hinterher, bis er sicherlich schon halb zu Hause angekommen ist. Dann baumelt die kleine Gutenacht-Fee noch eine ganze Weile mit den Beinchen, während sie versonnen in den Mond starrt.

»Bis bald, Lieblingswolf«, murmelt sie dabei. »Bis ganz, ganz bald.« Dann öffnet sie eine fast unsichtbare Klappe im Stamm ihres Feenbaumes, tritt hinein und ist verschwunden.

Ende.

Okay, ich weiß schon.

Ich möchte auch unbedingt wissen, was es mit dieser seltsamen Geheimtür auf sich hat. Führt sie vielleicht in ein Treppenhaus? Außerdem wollten wir Maluna ja fragen, was genau in der geheimnisvollen rosa Box aus dem WeltWeitenWolkenWerk drin war.

Versprochen.

»Huhu, Malunchen, bist du noch wach?«

Oh, sieh nur, da, wie friedlich ihr Köpfchen auf dem Kissen ruht.

Nein, falsch. Sie liegt zwar im Bett und schläft. Aber falsch rum.

Mit den Füßen auf dem Kopfkissen. Fast wie Pippi Langstrumpf, nur ohne Schuhe.

Tja, da kann man wohl nichts machen.

Lassen wir sie schlummern.

Am besten, wir gehen auch schlafen.

Und träumen zusammen eine ruhige, silberne Mondgeschichte.

Und ganz vielleicht kommt darin ja auch vor, was in der geheimnisvollen Schachtel mit dem durchsichtigen Deckel war.

Dornröschen

Es waren einmal ein König und eine Königin, die
wünschten sich so sehr ein Kind.
Aber sie bekamen keins.
Eines Tages jedoch, als die Königin im Teich badete,
hüpfte ein Frosch heran und sagte: »Noch ehe das
Jahr um ist, wirst du eine Tochter haben!«

Und wirklich brachte die Königin ein kleines Mädchen
zur Welt. Der König war außer sich vor Freude und lud
zu einem großen Fest ein. Alle sollten sein Kind sehen:
Freunde und Verwandte und auch die dreizehn weisen
Feen des Landes. Die Feen sollten am schönsten Tisch
sitzen und von goldenen Tellern essen.

Doch leider besaß der König nur zwölf goldene Teller. »Die dreizehnte Fee bekommt einfach keine Einladung«, beschloss er deshalb.

Das Fest wurde in aller Pracht gefeiert. Die Feen beschenkten die kleine Prinzessin der Reihe nach mit ihren Wundergaben: Die erste wünschte ihr Freundlichkeit, die zweite Klugheit, die dritte Schönheit, und so schenkten sie eine nach der anderen alles, was es im Leben zu wünschen gibt.

Als die elfte Fee jedoch ihren Wunsch gesprochen hatte,
flog die Tür auf und die dreizehnte Fee stürmte herein.
Wütend sah sie sich im Festsaal um, in dem ohne sie
gefeiert worden war. Nun wollte sie sich aber rächen!
Sie trat an die Wiege des Kindes und rief:
»Die Königstochter soll sich in ihrem fünfzehnten Jahr
an einer Spindel stechen und tot umfallen!«
Dann verschwand sie mit lautem Zischen in einer
schwarzen Rauchwolke.
Die Gäste waren blass geworden vor Schreck.
»Das ist alles meine Schuld!«, stöhnte der König.

Da trat die zwölfte Fee vor.

»Es ist ein Glück, dass ich meinen Wunsch noch übrig habe«, sprach sie. »Ich kann den bösen Zauber zwar nicht aufheben, jedoch mildern: Die Königstochter soll nicht tot umfallen, sondern nur in einen hundertjährigen Schlaf sinken!«

Der König war dennoch nicht zu beruhigen.
Um sein geliebtes Kind vor dem Unglück zu bewahren,
befahl er, alle Spindeln im ganzen Königreich zu ver-
brennen.
»Nun können wir den Fluch der dreizehnten Fee vergessen«, sagte die Königin erleichtert.
Doch der König hatte immer noch große Sorge um die
kleine Prinzessin.

139

Mit der Zeit erfüllten sich alle Wünsche der guten Feen.
Die Prinzessin wurde so freundlich, klug und schön,
dass jeder sie gern mochte. Allen voran ihr Vater, der
König, der sie nie aus den Augen ließ. Nirgends konnte
die Prinzessin allein hingehen, immer passte er auf,
dass ihr nichts geschah.

140

Bis zum Morgen ihres fünfzehnten Geburtstags, als die
Prinzessin überlegte, was sie sich eigentlich wünschte.
Ich möchte einmal ganz allein das Schloss erkunden,
dachte sie. Das wird schon nicht so gefährlich sein!
Und als alle mit den Vorbereitungen für das Geburts-
tagsfest beschäftigt waren, schlüpfte die Prinzessin
heimlich aus ihrem Zimmer und begann mit ihrer Ent-
deckungsreise.

Die Prinzessin besah sich alle Zimmer im ganzen
Schloss. Schließlich kam sie zu einem alten Turm,
den sie noch nie betreten hatte. Neugierig stieg sie die
Wendeltreppe hinauf bis zu einer Tür. Im Türschloss
steckte ein Schlüssel, den drehte die Prinzessin herum
und schlüpfte in die Kammer. Eine alte Frau saß dort
an einem Spinnrad und spann Flachs.

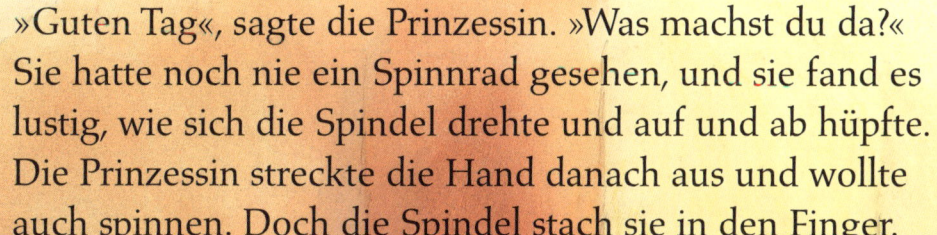

»Guten Tag«, sagte die Prinzessin. »Was machst du da?«
Sie hatte noch nie ein Spinnrad gesehen, und sie fand es
lustig, wie sich die Spindel drehte und auf und ab hüpfte.
Die Prinzessin streckte die Hand danach aus und wollte
auch spinnen. Doch die Spindel stach sie in den Finger.

Sofort überkam die Prinzessin eine große Müdigkeit, und sie schlief ein. Der Zauberspruch hatte sich erfüllt.

Der Schlaf breitete sich im ganzen Schloss aus. Der König, die Königin und der gesamte Hofstaat schliefen ein. Auch die Pferde im Stall schliefen ein, die Hunde im Hof, die Tauben auf dem Dach und die Fliegen an den Wänden. Sogar das Feuer im Ofen hörte auf zu flackern, und der Braten brutzelte nicht mehr. Der Küchenjunge, der etwas anbrennen lassen hatte, und der Koch, der ihn deshalb gerade an den Haaren ziehen wollte, schliefen auch ein. Draußen legte sich der Wind, und kein Blatt regte sich mehr.

Um das Schloss herum begann eine Dornenhecke zu
wachsen, die mit jedem Jahr höher und dichter wurde,
bis von dem Schloss nichts mehr zu sehen war. Nicht
einmal mehr die Fahnen auf den Turmspitzen.

Aber die Menschen im Dorf erzählten sich von der Prinzessin, die sie nun Dornröschen nannten.

»Hinter der Dornenhecke steht ein Schloss«, sagte ein alter Mann mit rauer Stimme, als die Kinder ihn danach fragten. »Darin schläft Dornröschen schon seit hundert Jahren!«

Das hörte ein junger Königssohn.

»Wer ist Dornröschen?«, wollte er wissen.

»Dornröschen ist eine Prinzessin«, sagte der alte Mann. »Die schönste und liebenswerteste aller Zeiten!«

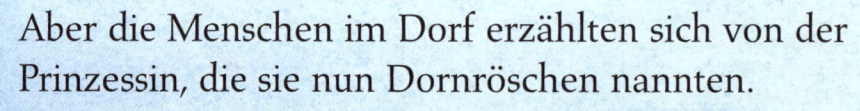

»Diese Prinzessin muss ich sehen«, sagte der Prinz.
Der alte Mann lachte. »Das wollten schon viele vor dir!
Es ist aber keinem Einzigen gelungen, sie sind alle in
der Dornenhecke hängen geblieben.«
»Ich will Dornröschen unbedingt sehen!«, beharrte der
Prinz und schwang sich auf sein Pferd. »Und weil ich
es so sehr will, schaffe ich es auch!«

Als der Prinz die Dornenhecke erblickte,
bekam er doch ein wenig Herzklopfen.
Tapfer glitt er aus dem Sattel, nahm sein
Schwert und schritt auf die Hecke zu. Wie
durch ein Wunder öffnete sie sich ganz von
selbst. Hinter dem Prinzen schloss sie sich
wieder und um ihn herum blühten duf-
tende Heckenrosen auf.

Der Königssohn wunderte sich sehr über die Menschen
und Tiere, die im Schloss schliefen. In der Küche sah
er den Koch, der im Schlaf noch immer die Hand
ausgestreckt hielt, mit der er den Küchenjungen packen
wollte. Doch wo war Dornröschen?

Eilig schritt der Prinz von einem Saal zum nächsten.
Er schaute in jedes Zimmer hinein, bis er schließlich in
die Turmkammer gelangte. Und da lag die Prinzessin
auf einem Bett und schlief.
»Wie schön sie ist«, flüsterte der Prinz.
Er konnte nicht anders, er beugte sich über sie und gab
ihr einen sanften Kuss auf die Lippen.

Im selben Augenblick öffnete Dornröschen die Augen
und sah den Prinzen verwundert an. Sein Gesicht war
so freundlich, dass sie ihn sofort mochte. Hand in Hand
stieg sie mit ihm die Treppe hinab ins Schloss.

Im Stall erwachten gerade die Pferde und schüttelten
ihre Mähnen. Die Hunde im Hof standen auf und bell-
ten, und die Tauben auf dem Dach begannen zu gurren.
Die Fliegen an den Wänden krochen weiter, und der
Braten im Ofen brutzelte wieder. Und endlich konnte
der Koch den Küchenjungen an den Haaren ziehen.
Im großen Saal erwachten der König und die Königin
und schlossen ihre Tochter voll Freude in die Arme.
Und weil sie bemerkten, wie glücklich sie den Prinzen
an ihrer Seite ansah, umarmten sie auch ihn.
Bald darauf wurde Hochzeit gefeiert.

»Pass immer gut auf meine Tochter auf«, sagte der König zu dem Prinzen.

»Lieber Papa«, sagte Dornröschen da. »Ich passe von nun an selber auf mich auf!«

Und sie lebte glücklich mit dem Prinzen bis ans Ende ihrer Tage.

~ ENDE ~

Quellenverzeichnis

Wich, Henriette: Kleine Traumgeschichten zum Vorlesen
Illustrationen von Marina Rachner
© ellermann im Dressler Verlag GmbH, Hamburg 2008

Janouch, Katerina: Schlaf schön, Greta
Illustrationen von Mervi Lindmann
Aus dem Schwedischen von Kerstin Behnken
© ellermann im Dressler Verlag GmbH, Hamburg, 2015
Leicht gekürzte Fassung, erstmals in deutscher Sprache erschienen unter dem
gleichnamigem Titel im Verlag Heinrich Ellermann, Hamburg 2009
First published by Bonnier Carlsen Bokförlag, Stockholm, Sweden
Published in the German language by arrangement with Bonnier Rights,
Stockholm, Sweden

Sieger, Ted: Molly Monster. Gute Nacht, alle zusammen!
Illustrationen von Ted Sieger
Text: Anne-Katrin Heger nach dem englischen Drehbuch von John Chambers
und der Übersetzung von Bernd-Wolf Dettelbach
© ellermann im Dressler Verlag GmbH, Hamburg, 2016
© 2016 Sieger / Alexandra Schatz Filmproduktion /
Little Monster GmbH / Sluggerfilm AB / TrickStudio Lutterbeck GmbH